AI와 아동 청소년 문학

AI문고

인공지능 시대입니다. 기계가 인간의 인지를 대신하고, 사물이 인간을 통하지 않고 다른 사물과 직접 커뮤니케이션합니다. 이에 따른 인간 삶과 문명 변화를 정확히 이해 · 예측 · 대응하는 것은 이 시대 우리 모두의 과제입니다. AI문고는 인공지능 기술과 환경의 여러 주제를 10가지 키워드로 정리합니다. 관련 개념과 이론, 학계와 산업계의 쟁점, 우리 일상의 변화를 다룹니다. 인간과 기술의 현재, 미래를 세심히 분석합니다.

일러두기

- 인명, 작품명, 저서명, 개념어 등은 한글과 함께 괄호 안에 해당 국가의 원어를 병기했습니다.
- 외래어 표기는 현행 어문규정의 외래어표기법을 따랐습니다.

처음이세요?

전문가세요?

AI와 아동 청소년 문학

송현희

대한민국, 서울, 커뮤니케이션북스, 2025

AI와 아동 청소년 문학

지은이 송현희
펴낸이 박영률

초판 1쇄 펴낸날 2025년 10월 20일

커뮤니케이션북스(주)
출판 등록 2007년 8월 17일 제313-2007-000166호
02880 서울시 성북구 성북로 5-11
전화(02) 7474 001, 팩스(02) 736 5047
commbooks@commbooks.com
www.commbooks.com

ISBN 979-11-430-1360-6 03500

책값은 뒤표지에 표시되어 있습니다.

차례

아동 청소년 문학 속 인공지능의 의미

아동·청소년 문학과 인공지능의 조우: 인지의 형성과 문화적 차이

아동 · 청소년 문학은 단순한 오락이나 교육 자료를 넘어, 한 사회가 미래 세대에게 전하고자 하는 가치와 세계관을 내포하는 문화적 산물이다. 동화와 청소년 소설은 아이들이 처음으로 마주하는 '이야기 세계'이자, 언어를 통한 사고와 상상력의 훈련장이 된다. 따라서 아동 · 청소년 문학은 그 자체로 인지적 발달, 정서적 공감, 그리고 사회적 가치의 내면화를 가능하게 하는 장치라 할 수 있다.

서양에서는 1920년대부터 본격적으로 아동 · 청소년 문학에 대한 제도적 인정이 이루어졌으며, 이를 대표하는 제도가 바로 뉴베리 메달/아너(Newbery Medal/Honor)와 칼데콧 메달/아너(Caldecott Medal/Honor)의 수여다. 이 상들은 단순히 문학적 성취를 기리는 데 그치지 않고, 아동기의 사고 형성과 정체성 구축 과정에서 문학이 수행하는 역할을 사회적으로 승인하고 강화하는 기능을 해 왔다. 즉, 문학 작품이 한 아이의 내면을 어떻게 길러내는지를 제도적으로 보증하면서, 사회 전체가 아동기의 읽기를 중요한 문화적 실천으로 간주하도록 만든 것이다.

이러한 제도적 흐름은 20세기 중·후반 이후 빠른 속도로 동아시아권, 특히 한국으로 유입되었다. 번역과 출판을 통한 텍스트의 보급은 영어 교육, 문학 교육, 독서 교육 등 다양한 교육 현장에서 활용되었다. 『찰리와 초콜릿 공장』, 『이상한 나라의 앨리스』, 『모모』와 같은 작품들은 단순히 서양의 이야기 세계를 소개한 것이 아니라, 한국 아동·청소년들이 자신들의 성장 과정에서 상상력과 가치 체계를 확장하는 데 중요한 기제가 되었다. 이 과정에서 아동·청소년기의 인지 발달과 세계관 형성은 전 지구적 보편성과 지역적 특수성이 교차하는 지점에 놓이게 된다.

특히 주목할 점은, 이들 작품 중 일부가 시대를 선도하며 인공지능(AI)을 주요 소재로 다루었다는 점이다. 아동·청소년 문학에서 AI의 등장은 단순히 기술적 상상력의 발현이 아니라, 인간과 비인간 존재 간의 관계 설정, 타자성의 인식, 그리고 미래 사회의 가능성 탐색이라는 복합적 의미를 지닌다. 예컨대, 서구권 청소년 소설에서는 인간을 돕거나 위협하는 로봇 캐릭터가 자주 등장한다. 이 캐릭터들은 단순한 '기계'가 아니라 인간과 유사한 감정을 지닌 존재로 묘사되며, 어린 독자들에게 "인간이란 무엇인가?"라는 근본적 질문을 던진다.

서양에서는 아동기부터 이러한 주제에 노출됨으로써, 인간이 자신과 다른 지적 존재를 어떻게 정의하고 받아들일지에 대한 문화적 학습이 빠르게 진행된다. 어린 시절부터 로봇과 AI가 등장하는 이야기 속에서 자란 세대는 기술을 단순한 도구가 아니라 잠재적으로 '대화 가능한 타자'로 상상하게 된다. 따라서 서구 문화권에서는 인간-기계 관계에 대한 논의가 비교적 자연스럽고 일찍부터 형성된다.

반면 동양 문화권, 특히 한국에서는 오랫동안 아동·청소년 문학이 도덕적 교훈, 가족애, 전통적 가치의 계승을 강조하는 서사에 집중해 왔다. 물론 21세기에 들어서면서 한국 아동·청소년 문학 역시 로봇, 가상현실, 디지털 세계를 다루는 작품들이 점차 늘어나고 있지만, 이는 서구에 비해 상대적으로 늦게 본격화된 흐름이다. 한국 독자들에게 AI 서사는 기술적 호기심과 더불어, 가족과 공동체 속에서 인간의 정체성을 어떻게 지켜낼 것인가라는 질문과 맞물려 나타난다. 이는 동양 문화권이 전통적으로 개인보다는 관계와 조화를 중시해 온 가치 체계와 깊이 연결되어 있다.

결과적으로 아동 · 청소년 문학 속 AI 서사는 문화권에 따라 상이한 인식 패턴과 가치 체계를 형성한다. 서양에서는 AI를 '다른 지성'으로서 조기에 상상하고 수용하는 문화적 훈련이 이루어지는 반면, 동양에서는 기술과 인간의 관계를 공동체적 맥락 속에서 고민하는 성향이 두드러진다. 이는 향후 세대가 AI를 실제 사회 속에서 어떻게 받아들이고 활용할지를 직 · 간접적으로 결정짓는 중요한 배경이 된다.

현 시대의 학생들은 교실 안팎에서 이미 AI와 자연스럽게 조우하고 있다. AI 번역기, 챗봇, 디지털 튜터 등은 아동 · 청소년기의 학습과 생활 속에 깊숙이 자리 잡았다. 따라서 아동 · 청소년 문학 속 AI 서사는 단순한 미래적 상상력의 산물이 아니라, 현재적 경험과 긴밀히 연결되는 담론으로 기능한다. 문학과 AI가 만나는 접점은 곧 아이들의 인지적 형성 과정과 세계관 확장의 과정이자, 동시에 문화적 차이를 드러내는 거울이라고 할 수 있다.

AI와 아동·청소년의 정체성 형성

아동 · 청소년 문학에서 인공지능의 등장은 단순히 미래 사회를 상상하는 장치에 그치지 않는다. 그것은 성장기 독자들에게 자아 정체성의 경계를 탐색하게 만드는 중요한 매개체이기도 하다. 어린 시절의 독자는 단순한 스토리 소비자가 아니라, 이야기 속에서 자신을 비추고 세계를 이해하며 관계를 배우는 능동적 주체다. 따라서 AI 캐릭터의 등장은 독자에게 단순한 기계적 상상력을 넘어, "인간과 비인간을 구분하는 기준은 무엇인가?", "나와 닮았지만 나와 다른 존재와 어떻게 관계를 맺어야 하는가?"라는 근본적 질문을 자연스럽게 제기하게 만든다. 이러한 질문은 곧 아동 · 청소년기의 중요한 발달 과업 중 하나인 자아 정체성 확립과 직결된다.

예를 들어, 서구의 아동 문학에서는 AI 캐릭터를 단순한 도구적 존재가 아니라 우정, 협력, 혹은 갈등의 주체로 등장시키는 경우가 많다. 로봇이나 가상 존재는 어린 주인공과 함께 모험을 하거나, 때로는 위협적이지만 대화 가능한 타자로 등장한다. 이러한 설정은 어린 독자들에게 인간 외의 존재와도 공감하거나 소통할 수 있다는 확장된 정체성의 가능성을 제공한다. 즉, 인간의 정체성이 오직 인간 내부에서만 형성되는 것이 아니라, 타자와의 상호작용 속에서 확장될 수 있음을 학습하게 되는 것이다.

반면 동양권의 아동 문학에서는 전통적으로 인간 중심의 세계관이 강하게 유지되어 왔기 때문에, AI는 종종 타자성(Otherness)을 강조하는 방식으로 나타난다. AI는 신비롭거나 위협적인 존재로 묘사되며, 인간 사회의 질서를 위협하거나 인간성을 되돌아보게 만드는 장치로 쓰인다. 이 과정에서 아동 독자는 AI를 통해 인간과 비인간의 경계를 더욱 뚜렷하게 인식하며, 정체성의 토대를 '공동체적 질서 안에서 인간답게 살아가기'라는 가치에 두게 된다. 이 차이는 AI와의 관계를 통해 형성되는 아동의 정체성이 문화적으로 다르게 구성됨을 보여준다.

또한 AI는 단순히 타자일 뿐 아니라, 미래의 나 자신을 비추는 거울로 기능하기도 한다. 어린 독자들은 AI와 같은 '지적 타자'를 마주하면서, "나는 기계와 어떻게 다른가?", "나는 어떤 능력과 한계를 가진 존재인가?", "내가 가진 감정과 윤리는 AI가 모방할 수 있는 것인가?"라는 성찰적 질문을 경험한다. 이는 곧 인간의 불완전성, 감정의 복잡성, 그리고 관계의 윤리성이 다시 한번 강조되는 과정으로 이어진다. 예컨대, 로봇 캐릭터가 계산적 효율성을 보여줄 때 독자는 오히려 인간의 비합리성과 감정적 선택이 가진 가치를 깨닫게 된다. 결국 이러한 문학적 경험은 아동·청소년이 인간됨 혹은 인간다움의 의미를 내면화하는 과정으로 이어진다.

이와 더불어 AI 서사는 윤리적 선택과 책임의 문제를 제기한다. 어린 독자는 "AI에게 권리를 줄 수 있는가?", "AI를 함부로 다루는 것은 인간다움의 상실인가?"와 같은 질문을 마주한다. 이는 정체성 교육과 더불어 윤리 교육의 장으로 기능하며, 단순히 기술에 대한 호기심을 넘어서 도덕적 상상력을 확장시킨다. 따라서 아동 · 청소년 문학 속 인공지능 서사는 단순한 기술 담론이 아니라, 자아 정체성 확립과 윤리적 성숙을 동시에 이끄는 교육적 자원이다.

결국 인간과 AI의 만남은 어린 독자에게 "나는 누구인가?"라는 근원적 질문을 던지게 하며, 이는 단순한 오락적 독서 경험을 넘어 존재론적 · 윤리적 사유의 기반을 마련한다. 다시 말해, AI는 단순한 상상 속 장치가 아니라, 아동 · 청소년이 자기 자신을 인식하고 미래 사회 속에서 어떤 주체로 살아갈지를 모색하게 하는 중요한 거울이다. 이러한 문학적 만남은 미래 세대가 기술 사회에서 인간다운 삶을 어떻게 정의하고 선택할지를 미리 연습하게 하는 문화적 실험실이라 할 수 있다.

참고문헌

김화선(2024). “어린이 청소년 SF 서사에 나타난 폐허의 상상력 - 이현, 《로봇의 별》 1·2·3을 중심으로”. 《아동청소년문학연구》, 34, 7~33쪽.

방은수(2020). “AI시대의 아동 문학”. 《아동 문학평론》, 45(4), 26~32쪽.

Austen, C.(2011). *All Good Children.* Orca Book Publishers.

Eubanks, V.(2018). *Automating Inequality: How High-Tech Tools Profile, Police, and Punish the Poor.* St. Martin's Press.

L'Engle, M.(1962). *A Wrinkle in Time.* Farrar, Straus and Giroux.

Levy, D.(2007). *Love and Sex with Robots: The Evolution of Human-Robot Relationships.* Harper Perennial.

Louie, B. Y.(2006). Guiding Principles for Teaching Multicultural Literature. *The Reading Teacher, 59*(5), pp.438~448.

Nayar, P. K.(2014). *Posthumanism.* Polity Press.

Nikolajeva, M.(2002). *The Rhetoric of Character in Children's Literature.* Scarecrow Press.

O'Neil, C.(2016). *Weapons of Math Destruction: How Big Data Increases Inequality and Threatens Democracy.* Crown.

Stephens, J.(1992). *Language and Ideology in Children's Fiction.* Longman.

Zipes, J.(2001). *Sticks and Stones: The Troublesome Success of Children's Literature from Slovenly Peter to Harry Potter.* Routledge.

Zuboff, S.(2019). *The Age of Surveillance Capitalism: The Fight for a Human Future at the New Frontier of Power.* PublicAffairs.

01
《시간의 주름》: 테서렉트의 시간 여행

테서렉트는 공간과 시간을 초월하는 이동 방식을 제시하며, 물리학적 개념과 상상력이 결합된 서사 장치를 통해 시간 · 공간 · 존재의 경계 확장을 경험하게 한다. 작품 속 시간 여행은 AI와 직접적으로 동일시되지는 않지만, 비인간적 지능과 초월적 기술이 인간의 인식과 선택에 미치는 영향이라는 측면에서 비슷하다. 이를 통해 인간이 과학과 기술, 그리고 자신을 둘러싼 우주를 어떻게 인지하고 수용할 것인지에 대해 깊이 사유하게 된다.

기후 위기와 인공지능?

테서렉트와 시간·공간 인식의 확장

매들린 렝글(Madeleine L'Engle)의 《시간의 주름(A Wrinkle in Time)》에 등장하는 테서렉트(Tesseract)는 단순한 과학적 장치나 물리학의 응용이 아니라, 인간이 익숙한 3차원적 사고를 뛰어넘어 초월적 인식을 가능하게 하는 장치로 제시된다. 테서렉트는 4차원 공간을 접어서 두 지점을 연결하는 구조로 설명되며, 이를 통해 주인공들은 수백 광년 떨어진 세계를 단숨에 이동할 수 있다. 이 설정은 아인슈타인의 상대성 이론과 고차원 기하학을 문학적으로 재해석한 것으로, 난해한 과학 개념을 아동 · 청소년 독자가 상상 속에서 직관적으로 경험하게 하는 교육적 장치로 기능한다.

작품 속에서 메그(Meg), 찰스 월리스(Charles Wallace), 캘빈(Calvin)은 테서렉트를 활용한 여행을 통해 단순한 물리적 이동을 경험하는 것이 아니라, 자신들의 인식이 확장되는 근본적 체험을 겪는다. 세계는 우리가 눈으로 보는 것에 한정되지 않으며, 차원은 끊임없이 변형되고 주름질 수 있다는 깨달음은 독자에게 "보이는 현실이 전부가 아니다"라는 메시지를 강하게 던진다. 이러한 설정은 아동 · 청소년의 인지 발달 과정에서 중요한 역할을 한다. 낯선 차원을 상상하는 경험은 과학적 사고와 철학적 사유를 동시에 자극하며, STEM 교육과 인문학적 상상력이 결합된 융합 학습의 기반을 마련한다.

또한 테서렉트는 안공지능과의 은유적 연결성을 보여준다. AI가 방대한 데이터를 분석하고, 인간 사고의 한계를 넘어 미래를 예측하는 것처럼, 테서렉트 역시 인간의 지각과 경험의 한계를 넘어선 세계를 열어젖힌다. 독자는 테서렉트를 통해 기술이 인간의 사고를 확장시키는 인지적 촉매가 될 수 있음을 은유적으로 체험하며, AI 시대에 기술과 인간 인식이 어떻게 상호작용하는지를 사유하게 된다.

결국 테서렉트는 공간의 초월이라는 외형적 기능과 동시에, 인간 존재론을 성찰하게 하는 철학적 상징이자 교육적 매개체로 자리 잡는다. 이는 과학적인 성과라고 볼 수도 있지만, 이를 통해 인간과 과학이 연계되어 새로운 세계를 만날 수 있다는 점에서 의미가 있다.

초월적 지능과 인간의 선택: AI 서사와의 연결점

《시간의 주름》의 중심 대립 구조는 주인공들이 테서렉트를 통해 맞닥뜨리는 절대악 'IT'와의 대결이다. IT는 고도의 지능을 지닌 존재로, 모든 개별성을 제거하고 완벽한 통제를 통해 세계를 지배하려 한다. 이는 오늘날 AI

담론에서 자주 등장하는 초지능(superintelligence)의 이미지와 유사하다. 효율과 질서라는 이름으로 다양성을 억압하고 자유를 소멸시키는 IT의 모습은, 기술적 능력이 도덕적 판단과 분리될 경우 얼마나 위험한 결과를 초래할 수 있는지를 극명하게 보여준다.

이 대립 속에서 테서렉트는 단순히 모험을 가능케 하는 과학적 도구가 아니라, 윤리적 선택의 시험대로 작동한다. 기술 자체는 선악의 속성을 지니지 않지만, 그것을 사용하는 인간의 가치관과 선택이 결과를 결정한다는 점을 작품은 강조한다. 메그가 아버지를 구하고, 찰스 월리스를 IT의 통제에서 해방시키는 과정은 이를 상징적으로 드러낸다. 테서렉트는 인간적 가치와 결합될 때 비로소 긍정적 기능을 발휘하며, 사랑과 희생, 공감과 책임이라는 인간성의 요소가 기술보다 우위에 있음을 보여준다.

이러한 서사 구조는 교육적 차원에서도 의미가 크다. 아동 · 청소년 독자는 테서렉트를 통해 과학적 개념을 학습하는 동시에, IT와의 대립 속에서 윤리적 상상력을 훈련받는다. 나아가 주인공들의 선택을 따라가면서 "나는 누구인가?", "기술은 어떤 가치를 위해 사용되어야 하는가?"라는 질문을 자연스럽게 사유한다. 이는 자기 정체성을 형성하는 중요한 발달 단계에서, 기술과 인간성의 관계를 철학적으로 성찰하도록 돕는 교육적 경험이다.

문학적 장치의 측면에서도 작품은 정교하다. 테서렉트는 인간 인식의 한계를 넘어서는 상징으로, IT는 기술적 초지능의 위험성을 형상화한 반(反)상징으로 기능한다. 플롯은 테서렉트를 통한 이동과 IT와의 대결을 중심으로 구성되며, 이는 단순한 사건 전개가 아니라 주인공들의 내적 성장과 윤리적 성숙을 촉진하는 장치다. 또한 메그라는 캐릭터는 불완전하고 두려움 많은 아동으로 출발하지만, 사랑과 책임을 통해 결국 초지능적 존재에 맞서는 용기를 발휘한다. 이는 AI 서사에서 흔히 등장하는 기술적 초월 지능과 인간적 감정의 대립을 어린 독자의 눈높이에 맞게 구현한 사례라 할 수 있다.

따라서 《시간의 주름》은 테서렉트를 통해 과학적 상상력, 윤리적 선택, 문학적 장치가 유기적으로 결합된 구조를 보여준다. 이는 아동·청소년 문학이 단순히 판타지를 제공하는 것이 아니라, 미래 세대가 AI 시대를 어떻게 이해하고, 어떤 가치 위에 기술을 사용할지를 미리 고민하도록 만드는 중요한 문화적·교육적 장치임을 드러낸다. 결국 이 작품은 아동·청소년 문학이 과학과 철학, 윤리와 문학의 경계를 접어 새로운 교육적 장을 열어 주는 동시에, AI 시대의 가치 지형도를 세대 간에 전승하는 역할을 수행한다는 점을 분명히 보여준다.

참고문헌

American Library Association. Newbery Medal and Honor Books. https://www.ala.org/alsc/awardsgrants/bookmedia/newbery

Christopher. C. N(2010). *Human Identity at the Intersection of Science, Technology and Religion.* Routledge.

Einstein, A.(1961). *Relativity: The Special and the General Theory.* In Lawson, R. W.(trans.). Crown.

Jim, AL-K.(2002). Time travel: separating science fact from science fiction. *Physics Education, 38*(1), pp.14~19.

L'Engle, M.(1962). *A Wrinkle in Time.* Farrar, Straus and Giroux.

Levy, S.(1992). *Artificial Life: The Quest for a New Creation.* Pantheon.

Louie, B. Y.(2006). Guiding Principles for Teaching Multicultural Literature. *The Reading Teacher, 59*(5), pp.438~448.

Mitchell, W. J.(2003). *Me++: The Cyborg Self and the Networked City.* MIT Press.

Nayar, P. K.(2014). *Posthumanism.* Polity Press.

Russell, S. J. & Norvig, P.(2021). *Artificial Intelligence: A Modern Approach (4th ed.).* Pearson.

Turkle, S.(2011). *Alone Together: Why We Expect More from Technology and Less from Each Other.* Basic Books.

Zipes, J.(2001). *Sticks and Stones: The Troublesome Success of Children's Literature from Slovenly Peter to Harry Potter.* Routledge.

02
《올 굿 칠드런》:
알고리즘으로 구성된 미래 도시

미래 도시는 표면적으로 안전과 질서를 보장하지만, 그 이면에는 인간의 행동과 사고를 세밀하게 예측 · 제어하는 알고리즘이 자리한다. 이러한 완전 통제 사회 속에서 아동 · 청소년이 경험하는 순응과 저항의 갈등이 생긴다. 기술이 만들어 낸 효율성과 안전이 어떻게 인간의 개성과 자율성을 잠식하는지를 보여주며, 알고리즘 시대에 인간 주체성을 지키는 방법에 대한 성찰을 촉구한다.

노래하는 AI 보컬?

알고리즘이 지배하는 사회: 미래 도시의 구조와 통제 메커니즘

캐서린 오스트린의 《올 굿 칠드런(All Good Children)》은 알고리즘이 전면적으로 사회를 지배하는 미래 도시 '뉴 밸리(New Valley)'를 배경으로 한다. 이 도시는 겉보기에 안전하고 평화로워 보이지만, 그 안정은 시민 개개인의 삶을 세밀하게 추적하고 계산하는 거대한 감시 체계 위에서만 가능하다. 학교 교육, 직업 활동, 여가와 인간관계까지 모든 것이 데이터화되며, 이 데이터는 알고리즘에 의해 분석되고 조율된다. 알고리즘은 각 개인이 무엇을 배우고, 누구와 어울리며, 어떤 결정을 내려야 하는지를 미리 예측하고 지시한다. 범위를 벗어나는 행동은 즉각적으로 교정되거나 억압되며, 결국 사람들은 규격화된 존재로 살아갈 수밖에 없다.

이 도시의 특징은 단순히 법과 제도로 사회를 관리하는 수준을 넘어, 예측과 개입이 일상화되었다는 점에 있다. AI 기반의 알고리즘은 시민의 미래 행동을 미리 추정하고, 위험하거나 비효율적이라고 판단되는 선택을 원천적으로 차단한다. 이로 인해 범죄와 혼란은 줄어들지만, 인간은 자유로운 선택의 권리를 상실한다. 효율과 안정의 이름으로 개성과 창의성은 억압되고, 사회 전체가

'이상적인 시민'을 길러내는 거대한 공장처럼 변모한다.

작품이 그려낸 미래 사회는 단순한 SF적 상상이 아니라, 이미 오늘날 우리가 직면하고 있는 데이터 기반 사회의 과장된 반영이다. 온라인 광고의 정밀 타깃팅, 중국의 사회적 신용 시스템, 예측 치안(predictive policing) 프로그램은 모두 '뉴 밸리'의 시스템과 같은 논리로 작동한다. 효율성과 안전이라는 명분 아래 개인의 선택이 축소되고, 비가시적인 감시와 규율이 인간을 길들이는 장치로 기능하는 것이다.

이 소설은 이러한 현실의 단면을 극단적으로 확장하여, 독자에게 질문을 던진다. "알고리즘은 인간을 보호하는 장치인가, 아니면 순응을 강요하는 또 다른 굴레인가?" 이 질문은 곧 작품의 핵심 주제이며, 기술이 지배하는 미래에 대한 윤리적 성찰로 이어진다. 이것이 성찰로만 끝나도록 하는 것이 아니라, 이 소설을 통해 우리는 통찰력 있는 사유와 행동으로 이어지게 하는 힘을 가지게 된다.

순응과 저항:
알고리즘 사회 속 인간 주체성의 회복 가능성

작품의 중심 갈등은 주인공 맥스(Max)와 그의 가족, 그리고 친구들이 완벽하게 설계된 도시 속에서 어떻게 자신들의 정체성을 지켜낼 것인가에 있다. 뉴 밸리의 알고리즘은 단순히 시민의 외적 행동만 통제하는 것이 아니라 인간의 사고와 감정까지 관리한다. 불편한 기억이나 비효율적 감정은 억제되고, 모든 감정은 '안정적 시민'을 위한 방향으로 조율된다. 처음에 맥스는 체제가 제공하는 안전과 편리함을 당연하게 받아들이지만, 점차 이 시스템이 가진 위험성을 깨닫게 된다. 알고리즘의 오류와 편향이 가족과 친구에게 부당한 결과를 초래하는 순간, 그는 체제의 절대성에 의문을 품는다.

이 과정은 오늘날 AI 윤리 담론과도 긴밀히 연결된다. 인공지능이 의사결정을 내릴 때, 그 기준은 누가 설정했으며 누구의 이익을 대변하는가라는 문제는《올 굿 칠드런》속 갈등 구조와 정확히 겹친다. 실제로 자동화된 채용 알고리즘에서 드러나는 성별 · 인종적 편향, 예측 치안이 불평등을 강화하는 사례 등은 작품 속 도시와 유사한 원리로 작동한다. 따라서 이 소설은 허구를 넘어, 현대 사회가 이미 경험하고 있는 기술의 윤리적 문제를 아동 · 청소년의 눈높이에서 재현하고 있다.

저항의 가능성은 체제를 벗어난 기술에서 오는 것이 아니라 인간적 관계와 감정에서 비롯된다. 맥스와 친구들은 규율을 위반하거나 비공식적 네트워크를 통해 서로의 경험과 생각을 나누며 시스템의 절대성을 흔들기 시작한다. 그들의 우정, 가족애, 연대는 알고리즘이 제어할 수 없는 영역으로 남아 있으며, 바로 이 영역에서 인간 주체성의 회복이 가능해진다. 기술은 인간의 행동을 예측하고 선택을 제한할 수는 있지만, 인간 내면의 자유와 창의성, 도덕적 결단은 결코 완전히 제거될 수 없다는 것이다.

이 작품이 전하는 가장 중요한 메시지는 바로 여기에 있다. 안전과 질서라는 미명 아래 주어진 기준에 맹목적으로 순응하는 것이 아니라, 비판적으로 질문하고 선택하는 자율성이야말로 인간됨/인간다움의 본질이라는 점이다. 작품은 아동 · 청소년 독자에게 "좋은 시민"이라는 외형적 규범을 따르는 것이 아니라, 체제의 한계와 모순을 인식하고 스스로 목소리를 낼 수 있는 주체로 성장해야 한다는 교육적 효과를 제공한다. 이는 오늘날 교육 현장에서 강조되는 비판적 리터러시와 시민성 교육과도 맞닿아 있다.

결국 이 소설은 완전한 통제 사회에서도 인간성은 결코 소멸되지 않음을 보여준다. 알고리즘이 지배하는 사회 속에서도, 인간은 여전히 자유롭게 생각하고 연대하며, 체제를 넘어서는 가능성을 꿈꿀 수 있다. 《올 굿 칠드런》은 아동 · 청소년 문학이 단순한 오락물이 아니라, 미래 사회의 기술과 인간성의 관계를 탐구하고, 다음 세대가 반드시 내면화해야 할 가치—비판적 사고, 자율적 선택, 인간적 연대—를 가르치는 중요한 문화적 도구임을 증명하는 작품이다.

참고문헌

Austen, C.(2011). *All Good Children*. Orca Book Publishers.

Crawford, K.(2021). *Atlas of AI: Power, Politics, and the Planetary Costs of Artificial Intelligence*. Yale UP.

Eubanks, V.(2018). *Automating Inequality: How High-Tech Tools Profile, Police, and Punish the Poor*. St. Martin's Press.

Lyon, D.(2001). *Surveillance Society: Monitoring Everyday Life*. Open University Press.

Noble, S. U.(2018). *Algorithms of Oppression: How Search Engines Reinforce Racism*. NYU Press.

O'Neil, C.(2016). *Weapons of Math Destruction: How Big Data Increases Inequality and Threatens Democracy*. Crown.

Selwyn, N.(2021). *Education and Technology: Key Issues and Debates*. Bloomsbury.

Zuboff, S.(2019). *The Age of Surveillance Capitalism: The Fight for a Human Future at the New Frontier of Power*. PublicAffairs.

03
《멋진 신세계》: 과학적 대량 생산된 인간

과학 기술이 인간의 탄생과 삶을 전면적으로 통제하는 미래 사회를 그린다. 이 작품 속 대량 생산된 인간은 효율성과 안정이라는 명목 아래 개성과 자율성을 상실하며, 쾌락과 편안함 속에서 자유의 결핍을 인식하지 못한다. 이를 AI와 영미 아동 청소년 문학의 맥락에서 재조명하며, 과학적 대량 생산과 안정적 통제가 현대 인공지능 사회에 던지는 경고를 두 가지 관점에서 분석하고자 한다.

인공지능과 편향?

과학적 대량 생산과 인간 정체성의 소멸

올더스 헉슬리(Aldous Huxley)의 《멋진 신세계(Brave New World)》는 포드주의적 생산 체계가 인간 생명 자체에 적용된 미래 사회를 그린다. 이 세계에서 인간은 더 이상 자연적 출생을 거치지 않고, 시험관에서 '보카노프스키(Bokanovsky) 과정'을 통해 대량 복제된다. 수십 명의 동일한 유전자형 인간이 동시에 태어나며, 이들은 태어나는 순간부터 이미 계급과 역할이 정해진 상태로 사회에 투입된다. 알파(Alpha) 계급은 고급 지적 노동과 지배를 맡고, 그 외의 다른 계급인 감마(Gamma), 델타(Delta), 엡실론(Epsilon) 계급은 육체 노동이나 단순한 기능적 역할을 담당한다. 이 과정에서 개인은 더 이상 고유한 존재가 아니라, 산업 시스템의 부품으로 전락한다.

헉슬리가 제시한 이 구조는 단순한 디스토피아적 상상이 아니라, 산업혁명 이후 기계 생산의 논리를 인간 개체의 생산으로 확장한 극단적 사례다. 헨리 포드(Henry Ford)의 자동차 조립 라인이 노동력을 표준화하고 효율성을 극대화했던 것처럼, 헉슬리의 미래 사회는 인간의 생물학적 다양성마저 효율성의 이름으로 제거한다. 이는 인간의 생물학적 주권 상실을 상징하며, 인간이 더 이상 자신을 스스로 규정하지 못하고, 기술에 의해 규정된 존재가 되는 현실을 보여준다.

오늘날 AI 기반 사회 역시 이러한 문제와 깊게 맞닿아 있다. 데이터와 알고리즘은 인간의 행동과 사고를 표준화하고, 예측 가능한 패턴 안으로 유도한다. 추천 알고리즘은 개인의 취향을 분석해 미래 선택을 미리 제시하며, 사회적 신용 시스템이나 예측 치안 프로그램은 시민의 행동을 미리 규율한다. 이는 헉슬리가 묘사한 '보카노프스키 과정'과 유사하게, 인간을 규격화하고 미래를 선형적으로 설계하려는 시도라 할 수 있다.

《멋진 신세계》가 경고하는 핵심은, 이러한 과학적 대량 생산이 단순히 효율의 문제가 아니라 인간 정체성의 소멸로 이어진다는 점이다. 인간은 자유롭게 선택하고 다양한 경험을 통해 자신을 구성하는 존재지만, 헉슬리의 세계에서는 선택의 가능성 자체가 제거된다. 교육 과정에서 시행되는 '수면 학습(hypnopaedia)'은 이를 잘 보여준다. 아동들은 잠자는 동안 체제에 유리한 가치관을 반복적으로 주입받으며, 다른 선택을 고려할 수 있는 사고 능력 자체를 잃는다. 이는 현대의 추천 시스템과 흡사하다. 사용자는 자유롭게 선택하는 것처럼 보이지만, 실제로는 알고리즘이 설계한 경로를 따르고 있을 뿐이다.

결국 헉슬리가 제시한 과학적 대량 생산 체계는 인간 개성을 제거하고, 인간을 단순한 생산품으로 환원시키며, 기술적 효율성과 사회적 안정성을 위해 인간성 자체를 희생시키는 시스템이다. 이는 오늘날 AI가 인간을 데이터 단위로 환원하고, 알고리즘이 인간의 선택을 관리하는 현실과 직접적으로 연결된다. 따라서 《멋진 신세계》는 단순히 과거의 디스토피아가 아니라, AI 시대에 더욱 현실적인 예언으로 읽힌다.

안정과 쾌락의 이면: AI 시대의 경고

헉슬리의 세계가 독창적인 지점은, 이 사회가 폭력과 탄압이 아닌 쾌락과 안정을 통해 유지된다는 점이다. 사람들은 '소마(Soma)'라는 기분 안정제를 복용하며 불안이나 고통을 전혀 느끼지 못하고, 유전적으로 설계된 계급에 따라 자신에게 맞는 쾌락과 소비를 누리며 살아간다. 이러한 시스템 속에서 시민들은 불평을 제기하거나 자유의 결핍을 인식할 기회를 애초에 박탈당한다. 억압은 눈에 보이는 폭력이 아니라, 편안함 속에 스며드는 통제로 구현된다.

이 통제 방식은 오늘날 AI 사회에도 경고를 던진다. 현대의 기술은 스마트 기기, 자동화 시스템, 맞춤형 콘텐츠를 통해 인간의 불편을 줄이고 즉각적인 만족을 제공한다. 우리는 개인화된 정보와 자동 추천 서비스를 통해 시간을 절약하고 편리함을 누리지만, 동시에 비판적 성찰의 기회를 상실하고 있다. 사용자는 자유롭게 콘텐츠를 선택하는 것처럼 보이지만, 실제로는 알고리즘이 미리 설정한 경로를 따라가며 점점 더 '순응적 존재'로 변한다. 헉슬리가 보여준 것처럼, 쾌락과 편리함은 인간의 자유를 잠식하는 가장 은밀하고 강력한 수단이 될 수 있다.

이 작품의 중요한 통찰은, 억압이 반드시 고통 속에서만 경험되는 것이 아니라는 점이다. 오히려 쾌락과 편안함 속의 억압이 더 치명적일 수 있다. 인간은 불편함을 제거하고 쾌락을 최대화하는 방향으로 움직이는 경향이 있기 때문에, 충분히 만족을 제공하는 사회에서는 자유가 제한되고 있다는 사실조차 자각하지 못한다. 오늘날의 AI 사회에서, 우리는 이미 이러한 현상을 목격하고 있다. 개인화된 광고와 콘텐츠가 제공하는 즉각적인 만족감은 정보의 다양성을 제한하고, 특정 가치관과 세계관을 은밀하게 내면화시키며, 궁극적으로는 비판적 사고의 약화를 초래한다.

따라서 이 작품은 AI 사회가 직면할 수 있는 위험을 미리 보여주는 경고의 서사라 할 수 있다. 알고리즘은 단순한 효율성의 도구가 아니라, 가치관을 재생산하고 인간의 세계관을 은밀히 형성하는 장치가 될 수 있다. 그래서 AI 시대의 교육과 문학은 무엇보다도 비판적 사고 훈련과 다양성 존중을 강조해야 한다. 아동 · 청소년 문학에서 이러한 문제를 다루는 것은 단순한 상상이 아니라, 기술 발전 속도에 비해 윤리적 성숙이 뒤처지는 상황을 예방하기 위한 문화적 안전장치다.

《멋진 신세계》는 인간이 자유를 잃는 방식이 단지 강압적 독재에 의해서만이 아니라, 오히려 쾌락과 안정 속에서 더 은밀하게 실현될 수 있다는 점을 드러내며, AI 시대에도 여전히 유효한 교훈을 제공한다. 이는 기술을 단순히 편리함의 원천으로 받아들이는 태도를 넘어서, 기술과 자유의 관계를 끊임없이 점검해야 한다는 요청이다.

참고문헌

Bilal, T. H.(2017). A Foucauldian Reading of Huxley's Brave New World. *Theory and practice in Language Studies. 7(1)* pp.12~17.

Huxley, A.(2006). *Brave New World.* Harper Perennial.

Kumar, K.(1987). *Utopia and Anti-Utopia in Modern Times.*

Blackwell.
Nayar, P. K.(2014). *Posthumanism.* Polity Press.
O'Neil, C.(2016). *Weapons of Math Destruction: How Big Data Increases Inequality and Threatens Democracy.* Crown.
Postman, N.(1985). *Amusing Ourselves to Death: Public Discourse in the Age of Show Business.* Penguin.
Zuboff, S.(2019). *The Age of Surveillance Capitalism: The Fight for a Human Future at the New Frontier of Power.* PublicAffairs.

04
《라스트 쿠엔티스타》:
마지막 기억과 과학의 반비례 관계

인류 멸망의 위기 속에서 기억과 이야기의 힘이 과학 기술의 권위와 충돌하는 과정을 그린다. 주인공 페트라는 마지막 '쿠엔티스타(이야기꾼)'로서, 과학적 지식과 기술 중심 사회가 지워버리려 한 인간의 기억을 보존한다. 이 작품은 단순한 청소년 SF 소설을 넘어, 과학과 기억, 진보와 인간성, 효율과 서사의 균형에 대한 성찰을 요청한다.

청각장애인과 AI?

과학적 합리성과 기억의 소거: 인간성의 상실

크리스티나 리베라 가르자의 《라스트 쿠엔티스타(The Last Cuentista)》는 인류가 지구의 멸망 위기 속에서 새로운 행성으로 이주하는 거대한 프로젝트를 배경으로 한다. 혜성 충돌이라는 절체절명의 상황에서 인류는 과학적 합리성을 최우선의 가치로 삼으며, 생존과 효율을 위해 극단적인 선택을 감행한다. 특히 과학자들과 권력자들은 개인의 기억을 삭제하거나 변형하는 기술을 사용하여, 혼란이나 갈등을 초래할 수 있는 과거의 역사·문화·감정을 제거한다. 그들에게 인간의 기억은 비효율적이고 비합리적인 잔재이며, "더 나은 사회"를 건설하기 위해 반드시 정리되어야 할 장애물이었다.

이러한 설정은 과학적 합리성이 인간성의 근간을 위협하는 아이러니한 장면으로 읽힌다. 기억은 인간 정체성의 핵심이자, 개개인이 자신을 '나'라고 인식할 수 있게 하는 뿌리다. 그러나 《라스트 쿠엔티스타》의 세계에서는 기억이 오히려 혼란과 저항의 원천으로 간주되어, 효율성과 통제라는 이름으로 지워진다. 이는 곧 인간이 인간일 수 있는 가능성 자체가 과학적 도구성에 의해 침식되는 과정을 보여준다.

헉슬리의 《멋진 신세계(Brave New World)》가 유전자 조작과 수면 학습을 통해 인간의 자유를 제거했다면, 《라스트 쿠엔티스타》는 기억 삭제를 통해 인간성을 지워버린다. 또한 로이스 로리(Lois Lowry)의 《기버(The Giver)》가 공동체 전체의 기억을 특정 개인에게만 집중시킴으로써 사회적 획일화를 그려냈던 것처럼, 이 작품 역시 집단 기억의 소거가 얼마나 치명적인 결과를 낳는지를 강조한다. 과학은 효율성을 극대화했지만, 그 대가로 인간 정체성을 구성하는 가장 중요한 토대인 기억을 포기하게 된 것이다.

여기서 드러나는 것은 과학과 기억의 반비례 관계다. 과학적 합리성은 사회적 혼란을 최소화하고 질서를 강화하는 데 기여할 수 있지만, 그 과정에서 인간의 감정과 역사, 문화적 맥락은 '불필요한 잡음'으로 치부된다. 기억은 비과학적이고 합리적이지 않다는 이유로 제거되지만, 사실상 그것은 인간 존재를 고유하게 만드는 핵심이다. 과학이 모든 것을 설명하고 통제할 수 있다는 전제는 결국 인간을 획일화된 데이터와 기능적 존재로 환원시키며, 다양성과 자율성을 파괴한다.

특히 이 작품은 이러한 상황을 아동 · 청소년의 시선을 통해 제시한다. 이는 단순히 성인 독자에게 기술 사회의 위험을 경고하는 데 그치지 않고, 성장기에 있는 독자들에게 "기억 없는 과학은 진보일 수 있는가, 아니면 퇴보인가?"라는 근본적 질문을 던진다. 이는 기술 발전의 의미를 단순히 성취와 진보로 환원하지 않고, 인간성과 문화적 유산이 함께 보존되어야 함을 상기시킨다. 결국 이 작품은 과학적 합리성이 반드시 진보를 의미하는 것이 아니라, 오히려 인간 정체성을 소거하는 도구가 될 수 있음을 강하게 경고한다.

이야기와 기억의 생존 전략: 마지막 쿠엔티스타의 저항

이러한 세계에서 주인공 페트라는 유일하게 기억을 보존한 인물이다. 다른 이들이 과학적 통제 속에서 과거를 잊어버릴 때, 그녀는 할머니로부터 들었던 전설과 민담을 마음속에 간직한다. 이 기억은 단순한 개인적 추억이 아니라 집단의 역사와 정체성을 담은 문화적 자산이다. 페트라는 동료 아이들에게 이야기를 전하며, 과학이 지워버린 인간성과 감각을 되살린다. 이야기는 단순한 오락이 아니라 저항의 도구이자 생존 전략으로 변모한다.

기억은 이 작품에서 집단 정체성의 원천으로 제시된다. 인간을 인간답게 만드는 것은 단순히 생물학적 생존이 아니라, 과거를 기억하고 이야기하며 그것을 통해 미래를 설계하는 능력이다. 과학이 아무리 발전하더라도 그것이 기억과 문화를 제거한다면 결국 공동체는 공허한 껍데기에 불과하다. 페트라는 마지막 이야기꾼, 즉 쿠엔티스타로서 공동체를 이어주는 매개자 역할을 한다. 그녀는 과거를 회상하고, 잊혀진 감정을 복원하며, 새로운 사회가 다시 인간적인 길을 모색할 수 있도록 돕는다.

이 점에서 이 작품은 얀 아스만(Jan Assmann)이 말한 문화적 기억(cultural memory)의 기능을 생생하게 구현한다. 아스만에 따르면 문화적 기억은 단순한 과거의 보존이 아니라, 집단이 미래를 구성하는 데 필요한 정체성의 토대다. 페트라가 이야기하는 전설과 민담은 단순한 옛날이야기가 아니라 인간이 공동체로 살아가기 위해 필요한 윤리적 · 정서적 나침반이다. 과학은 인간의 신체와 두뇌를 통제할 수 있을지 모르지만, 기억을 매개로 한 이야기는 세대를 넘어 전승되며, 공동체를 결속하는 힘을 발휘한다.

페트라의 이야기는 또 다른 의미에서 과학을 넘어서는 상징적 승리를 보여준다. 과학은 인간의 신체적 생존을 보장했지만, 그것이 인간성을 파괴한다면 결코 진정한 진보일 수 없다. 반면 이야기는 생존을 넘어 인간다움을 회복시키고, 공동체적 연대와 창조성을 가능하게 한다. 이야기는 과거를 단순히 재현하는 수단이 아니라, 미래를 향한 저항적 자원이다.

결국《라스트 쿠엔티스타》가 제시하는 핵심은 명확하다. 과학이 아무리 발전해 새로운 행성을 개척한다 하더라도, 기억과 이야기가 없다면 인간은 인간일 수 없다는 역설이다. 기술은 생존을 보장할 수 있지만, 기억은 인간을 '사람답게' 만드는 근본적인 토대다. 아동 · 청소년 독자는 이 작품을 통해, 과학적 합리성만으로는 결코 완전한 사회를 만들 수 없으며, 오히려 인간성의 상실로 이어질 수 있다는 사실을 깨닫게 된다. 그리고 이야기를 통해 기억을 보존하고, 문화적 정체성을 이어가는 것이야말로, 기술 시대에 인간이 지켜야 할 가장 중요한 생존 전략임을 배우게 된다.

참고문헌

박소진(2017). "청소년문학에서의 기억과 재현". 《영미문학교육》, 21(1), 83~103쪽.

최배은(2020). "2000년대 이후 한국 아동·청소년 과학소설의 디스토피아 연구". 《대중서사연구》, 26(1), 103~132쪽.

Assmann, J.(2011). *Cultural Memory and Early Civilization: Writing, Remembrance, and Political Imagination.*

Cambridge University Press.
Higuera, D. B.(2021). *The Last Cuentista*. Levine Querido.
Huxley, A.(1932). *Brave New World*. HarperCollins.
Lowry, L.(1993). *The Giver*. Houghton Mifflin.

05
《너무 완벽한 세상》: 완벽하지 않은 복제 인간 세계

과학 기술은 인간의 한계를 넘어서는 꿈을 현실로 만들고 있지만, 그 과정에서 인간성의 본질을 위협하기도 한다. 복제 인간은 완벽한 인간을 창조하려는 과학적 야망의 산물처럼 보이지만, 그 세계는 오히려 불완전성과 불안을 드러낸다. 이 작품은 복제와 유전 공학의 이상향이 실제로는 모순과 파괴를 내포하고 있음을 보여주며, 기술 발전이 불러오는 윤리적 · 존재론적 문제를 탐구한다.

AI 콘텐츠 크리에이터?

완벽을 지향하는 복제 시스템과 인간성의 소멸

《너무 완벽한 세상》은 인간이 유전자 복제와 편집 기술을 통해 질병, 불평등, 심지어 죽음의 문제까지 해결한 듯 보이는 사회를 배경으로 한다. 이곳에서는 태어나기 전부터 모든 유전적 결함이 제거되고, 인간의 신체적 조건은 최적화된다. 아이들은 체계적으로 설계된 지능과 외모, 성격을 가지고 태어나며, 그들은 사회의 안정적 운영에 맞게 배치된다. 이 세계는 겉보기에 고통과 갈등이 사라진 완벽한 질서를 구현한 듯 보인다. 그러나 그 이면에는 인간이 본래적으로 지니고 있던 개별성의 상실과 자율성의 붕괴라는 심각한 문제가 숨어 있다.

복제 사회에서 인간은 더 이상 자연적 존재가 아니다. 과학적 실험과 사회적 설계의 산물로서, 그들은 태어나는 순간부터 이미 정해진 역할과 성향을 부여받는다. 즉, 인간은 자신의 정체성을 선택하거나 스스로 만들어가는 존재가 아니라, 체제가 필요로 하는 기능적 조각으로 배치된다. 유전자의 편집과 철저히 계산된 교육 체계는 겉으로는 사회의 안정을 보장하지만, 실상은 개개인에게 자유롭게 탐구하고 성장할 기회를 차단한다. 그 결과 인간은 표면적으로는 건강하고 능력 있는 존재이지만, 내면적으로는 획일성과 무기력에 갇힌다.

이러한 설정은 헉슬리의 《멋진 신세계》, 가즈오 이시구로의 《나를 보내지 마(Never Let Me Go)》와 직접적으로 연결된다. 《멋진 신세계》의 인물들이 유전자 조작과 수면 학습을 통해 대량 생산된 부품으로 살아갔다면, 《너무 완벽한 세상》 속 인간들은 복제 기술로 만들어진 "완벽한" 존재들이지만 사실상 체제가 필요로 하는 소모품에 불과하다. 가즈오 이시구로의 소설에서 클론들이 장기 제공자로서만 기능한다면, 여기서는 복제 인간들이 실패 없는 사회를 유지하기 위한 안정 장치로서 존재한다. 차이는 있지만, 두 작품 모두 인간이 자유롭고 고유한 주체가 아닌 기능적 자원으로 전락하는 과정을 강조한다.

'완벽'이라는 이상은 이 작품에서 오히려 자기 모순적 역설로 드러난다. 완벽은 질병과 결함을 제거하고 사회의 안정성을 강화하지만, 동시에 인간을 인간답게 만드는 감정, 불완전성, 다양성을 제거한다. 즉, 완벽을 추구하는 순간 인간성은 파괴된다. 사회는 고통과 불평등을 없앴지만 그 대가로 자율성, 개별성, 창조성이라는 인간 존재의 본질을 상실한다. 이 작품은 이를 통해 과학적 완벽성이 곧 인간성의 소멸로 이어진다는 경고를 전달한다.

불완전성의 귀환과 윤리적 주체의 회복

작품은 완벽을 지향하는 시스템이 결코 영원히 지속될 수 없음을 보여준다. 아무리 기억을 지우고 감정을 억압하더라도, 인간의 내면에는 설명할 수 없는 공허와 소외가 남는다. 복제 인간들은 자신의 삶이 완벽하게 설계되어 있음에도 불구하고, 알 수 없는 결핍감을 느낀다. 이는 기억이 지워진 자리에서 무의식의 흔적이 여전히 남아 있기 때문이다. 또한 억압된 감정은 관계와 사랑에 대한 갈망으로 표출되며, 이는 결국 복제 시스템에 균열을 만들어 낸다.

주인공을 비롯한 일부 복제 인간들은 자신들이 체제의 일부로 설계되었음을 인식하면서도, 그 사실을 거부하고 저항하려 한다. 이 저항은 단순한 반항이 아니라, 불완전성의 회복을 통한 인간성의 재구성이다. 그들은 체제가 규정한 완벽한 역할을 거부하고, 결함과 실수를 경험하면서 오히려 진정한 자유와 자기 정체성을 획득한다. 이는 곧 윤리적 주체의 귀환을 의미한다.

작품은 불완전성을 결함이 아닌 인간성의 조건으로 재해석한다. 불완전하기에 인간은 타인의 고통을 공감할 수 있고, 서로의 차이를 존중하며, 연대를 형성할 수 있다. 체제는 완벽을 지향하며 다양성을 제거하려 하지만, 오히려 그 억압 속에서 불완전성이 새로운 의미를 얻는다. 불완전함은 인간이 서로에게 다가가고, 함께 살아가며, 새로운 공동체를 구성하는 힘이 된다.

《너무 완벽한 세상》은 이 지점에서 인간 복제 담론을 단순한 과학적 · 윤리적 문제로 한정하지 않고, 존재론적 성찰로 확장한다. 인간이 인간일 수 있는 조건은 무엇인가? 완벽하게 설계된 존재가 인간일 수 있는가? 작품은 이러한 근본적 질문을 던지며, 불완전성과 다양성을 인정할 때에만 인간이 윤리적 주체로서 살아갈 수 있음을 강조한다.

이는 오늘날의 과학 기술 사회에도 직접 적용된다. 인공지능, 유전자 편집, 생명 공학은 인간의 삶을 최적화하는 듯 보이지만, 동시에 인간을 표준화하고 다양성을 제거할 위험을 내포한다. AI가 개인의 선택을 예측하고 제한하는 방식, CRISPR와 같은 유전자 편집 기술이 장애와 질병을 제거하는 방식은《너무 완벽한 세상》의 복제 사회와 다르지 않다. 하지만 이 작품은 문학적 상상을 통해 우리에게 묻는다. "인간은 무엇으로 인간일 수 있는가?" "불완전성이 제거된 인간은 과연 인간으로 남을 수 있는가?"

따라서 《너무 완벽한 세상》은 완벽을 향한 욕망이 만들어 내는 자기모순을 드러내면서, 불완전성과 다양성을 존중하는 것이야말로 진정한 자유와 윤리적 선택의 조건임을 역설한다. 이 메시지는 아동·청소년 독자들에게 특히 중요하다. 성장기의 독자들은 이 작품을 통해, 과학적 진보가 반드시 인간적 진보를 의미하는 것은 아니며, 오히려 인간성을 위협할 수 있다는 사실을 배우게 된다. 또한 불완전함을 받아들이고, 타자와 차이를 존중하며, 자유로운 선택을 통해 스스로 삶을 설계해야 한다는 교훈을 얻는다. 결국 불완전성은 결함이 아니라, 인간다움의 가장 중요한 조건이자, 진정한 의미에서의 윤리적 주체성을 회복하게 하는 원천이다.

참고문헌

김영정(1998). "유전자 복제와 인간의 정체성". 《철학과현실》, 39, 30~45쪽.

조성란(2020). "가즈오 이시구로의 《나를 보내지 마》에 나타나는 상실과 기억과 애도로서의 스토리텔링". 《비교문화연구》, 58, 129~154쪽.

Fukuyama, F.(2002). *Our Posthuman Future: Consequences of the Biotechnology Revolution*. Farrar, Straus and Giroux.

Habermas, J.(2003). *The Future of Human Nature*. Polity Press.

Huxley, A.(1932). *Brave New World*. HarperCollins.

Ishiguro, K.(2005). *Never Let Me Go*. Vintage.

Kass, L.(2002). *Life, Liberty, and the Defense of Dignity: The Challenge for Bioethics*. Encounter Books.

06
《다이버전트》: 유전자 조작의 반발

21세기 청소년 문학은 단순한 오락을 넘어, 첨단 과학기술과 인간성의 문제를 탐구하는 장르적 장치로서 디스토피아 서사를 활용한다. 베로니카 로스(Veronica Roth)의 《다이버전트》는 유전자 조작이라는 과학적 실험의 산물이 초래한 사회 분할과, 이에 저항하는 개인들의 이야기를 중심에 둔다. 본 작품 속 세계는 과거 인류의 도덕적 결함을 교정하기 위해 유전자를 변형했으나, 결과적으로 인간의 복합성과 자유를 억압하고 새로운 불평등을 낳았다.

AI와 민주주의?

유전자 조작과 사회적 분할의 논리

베로니카 로스(Veronica Roth)의 《다이버전트》에서 가장 강렬한 장면 중 하나는 분파를 선택하는 의식을 치르는 부분이다. 모든 청소년이 만 16세가 되면 자신의 혈액 한 방울을 흘려 특정 분파의 불 속에 떨어뜨림으로써 평생 속할 집단을 결정한다. 주인공 트리스는 이타심을 최상의 가치로 삼는 에브네게이션 가정에서 태어났지만, 선택의 순간 용기를 중시하는 다우틀리스를 택한다. 이 장면은 단순한 성인식이 아니라, 사회 전체를 지배하는 유전자 조작 실험의 논리와 통제 구조를 상징한다. 개인은 자신의 성향과 가능성을 스스로 탐구하기도 전에, 과학적 실험과 사회 제도에 의해 이미 규정된 정체성을 부여받는다.

이러한 설정은 과학적 합리성이 인간성을 단순화하는 방식과 맞닿아 있다. 작품 속 사회는 유전자 조작을 통해 특정 성향을 강화하거나 약화시키며, 이를 기반으로 다섯 개의 분파-에브네게이션(이타심), 다우틀리스(용기), 에루다이트(지식), 아미티(평화), 칸도르(정직)-를 만들어 낸다. 표면적으로는 분쟁을 줄이고 사회적 혼란을 방지하기 위한 시스템처럼 보이지만, 그 실상은 인간을 단일 기능으로 축소시키는 강력한 통제 장치다.

특히 에루다이트 분파의 등장은 유전자 조작 사회의 권력 욕망과 불균형을 극명하게 드러낸다. 지식을 최고의 가치로 여기는 이들은 다른 집단을 지배하려는 야망을 품고, 결국 군사적 개입과 조종 프로그램을 통해 분파 간 전쟁을 촉발한다. 이는 지식의 극대화가 곧 권력 독점으로 이어질 수 있음을 경고한다. 과학적 합리성과 지식 중심 사회는 중립적 이상향을 만들어 내지 못하고, 오히려 새로운 형태의 억압과 분열을 낳는다.

이러한 설정은 헉슬리의 《멋진 신세계》와 연결된다. 헉슬리가 유전자 조작과 수면 학습을 통해 인간을 대량 생산된 기능적 존재로 만들었다면, 《다이버전트》는 유전자 조작이 사회를 인위적으로 분할하고, 인간을 단일 가치로 환원하는 과정을 극적으로 보여준다. 이는 인간이 결코 단일한 기능이나 성향으로만 정의될 수 없는 존재임에도, 과학적 완벽주의가 다양성을 억압하고 사회를 불안정하게 만든다는 역설을 드러낸다.

결국 《다이버전트》가 제시하는 메시지는 분명하다. 분할 사회의 논리는 본질적으로 자기 파괴적이다. 인간은 단일한 가치로 환원될 수 없으며, 유전자 조작과 사회적 분할은 오히려 더 큰 갈등과 붕괴를 촉발한다. 이는 오늘날 AI와 유전자 편집, 사회적 신용 시스템 등이 인간을 데이터 단위로 단순화할 위험과도 직결된다. 작품은 과학적 실험이 인간 다양성을 무시할 때, 사회 전체가 불안정해진다는 사실을 극명하게 드러낸다.

다이버전트의 저항과 인간 정체성의 회복

이 억압적 체제 속에서 다이버전트는 사회를 위협하는 존재로 등장한다. 다이버전트란 특정 분파에만 속하지 않고, 여러 성향을 동시에 지닌 인간들을 뜻한다. 그들은 시스템이 강요하는 단일 분류에 저항하며, 따라서 권력자들에게 가장 큰 위험 요소가 된다. 트리스는 훈련 과정에서 시행되는 시뮬레이션 테스트를 통해 이러한 다이버전트의 특성을 드러낸다. 대부분 사람들은 특정 분파 성향에 따라 쉽게 조종되지만, 트리스는 환영 속에서 자유롭게 사고하고, 복수의 선택지를 고려하며, 주어진 시나리오에 매몰되지 않는다. 그녀의 저항은 단순히 프로그램 오류가 아니라, 인간 본래의 복합성과 자유 의지를 보여주는 사건이다.

트리스의 성장 과정에서 중요한 전환점은 동료들과의 관계 속에서 찾아온다. 다우틀리스의 훈련은 경쟁과 폭력, 두려움에 가득 차 있지만, 트리스는 다른 다이버전트들과의 연대를 통해 자신이 가진 복합적 정체성을 수용하게 된다. 그녀는 이타심과 용기, 정직과 평화라는 여러 가치를 동시에 추구하며, 체제가 요구하는 단일한 인간상이 아니라 다차원적 인간으로 자신을 자리매김한다. 이는 곧 불완전성과 모순을 인정하는 것이야말로 진정한 주체성의 조건임을 드러낸다.

특히 1권 후반부에서 에루다이트가 다우틀리스를 조종해 에브네게이션을 공격하는 장면은, 다이버전트들의 존재가 왜 중요한지를 극적으로 보여준다. 거의 많은 시민들은 세뇌 프로그램에 의해 무기처럼 사용되지만, 다이버전트들은 이를 거부할 수 있었다. 바로 그 점이 체제를 무너뜨릴 가능성을 열어 주었다. 이 장면은 사회 통제가 인간을 효율적 집단으로 만들려 할수록, 오히려 소수의 저항자에게 윤리적 선택과 자유의 가능성이 돌아온다는 아이러니를 드러낸다.

《다이버전트》에서 트리스는 단순히 체제에 저항하는 반항아가 아니라, 복합적 인간 정체성의 상징이다. 그녀의 선택과 저항은 사회 질서를 바꾸는 동시에, 인간 본연의 정체성을 복원하는 행위로 기능한다. 불완전성과 다양성은 결코 결함이 아니라, 인간이 자유롭고 윤리적으로 살아가기 위한 필수 조건임을 작품은 강조한다.

이 메시지는 현대 과학 기술 사회에도 적용된다. AI가 인간의 선택을 데이터로 단순화하고, 유전자 편집이 인간의 특질을 표준화하려는 오늘날, 이 작품은 우리에게 "인간은 무엇으로 인간일 수 있는가?"라는 질문을 다시 던진다. 인간은 완벽하게 규정된 기능적 존재가 아니라, 모순과 다양성 속에서 자유를 찾는 존재라는 것이다.

결국 다이버전트들의 존재는 인간 사회의 본질이 불완전성과 다양성에 있음을 증명한다. 트리스의 여정은 단순히 권력 구조를 전복하는 것이 아니라, 자유와 윤리가 발생하는 토대를 회복하는 과정이다. 《다이버전트》가 독자에게 남기는 궁극적 메시지는 분명하다. 인간은 결코 완벽할 수 없으며, 바로 그 불완전성 속에서 진정한 인간성이 발현된다는 것이다.

참고문헌

진솔(2022). "청소년소설에 나타난 반항과 그 윤리적 의미". 《아동청소년문학연구》, 31, 229~263쪽.

최배은(2022). "한국 아동·청소년 과학소설의 디스토피아 연구 - 우주 시대부터 인공지능 시대까지". 《현대문학의 연구》, 76, 143~175쪽.

Fukuyama, F.(2002). *Our Posthuman Future: Consequences of the Biotechnology Revolution*. Farrar, Straus and Giroux.

Habermas, J.(2003). *The Future of Human Nature*. Polity Press.

Kass, L.(2002). *Life, Liberty, and the Defense of Dignity: The*

Challenge for Bioethics. Encounter Books.
Roth, V.(2011). *Divergent.* Katherine Tegen Books.
Roth, V.(2012). *Insurgent.* Katherine Tegen Books.
Roth, V.(2013). *Allegiant.* Katherine Tegen Books.

07
《제5침공》:
과학 발달과 외계인 침공의 아이러니

인류의 과학은 문명 발전을 이끌어낸 원동력이자 인간 존재의 정당성을 뒷받침하는 근거로 여겨져 왔다. 그러나 릭 얀시의 《제5침공》은 그러한 과학적 진보가 아이러니하게도 인류의 생존을 위협하는 도구가 될 수 있음을 보여준다. 외계인의 침공이라는 극한 상황 속에서 과학 기술은 인간을 보호하기보다는 오히려 외계 세력에 의해 전복되고, 인간성마저 의심받는 도구로 전락한다.

AI와 애니메이션?

과학 발달의 역설: 생존의 도구에서 파괴의 무기로

릭 얀시(Rick Yancey)의 《제5침공(The 5th Wave)》은 외계 침공 서사 속에서 과학 발달이 지닌 양면성을 강렬하게 드러낸다. 외계인의 첫 번째 공격은 폭탄이나 총알이 아니라, 지구 전력망 전체의 차단이었다. 전기는 현대 문명의 가장 근본적 기반이며, 통신 · 교통 · 의료 · 금융 등 사회의 모든 시스템은 전기에 의존한다. 그러나 불과 몇 시간 만에 전력이 사라지자, 세계는 삽시간에 무질서와 공포로 빠져든다. 이는 인간이 과학 기술을 통제한다고 믿었지만, 실상은 그 과학 기술에 종속되어 있다는 역설을 극적으로 드러낸다. 스마트폰, 위성, 교통망은 모두 멈추고, 인간은 단숨에 원시적 상태로 되돌아간다. 과학이 제공한 편리함은 동시에 인간의 절대적 취약성을 드러내는 덫이 되었던 것이다.

두 번째 파도는 자연을 무기로 전환한다. 외계인은 거대한 해일을 일으켜 해안 도시를 쓸어버린다. 인간은 오랫동안 댐과 방파제, 인공섬을 건설하며 바다를 제어할 수 있다고 믿었다. 그러나 외계인은 이 바다 자체를 파괴의 수단으로 활용한다. 이는 "자연을 통제할 수 있다"는 과학적 오만을 정면으로 비판한다. 과학은 자연의 힘을 일정 부분 길들이고 활용할 수 있지만, 근본적으로 자연은 인간이 완전히 지배할 수 없는 영역임을 보여주는 장면이다.

세 번째 파도는 바이러스의 무기화로 나타난다. 외계인이 설계한 바이러스는 기존의 의학적 지식과 치료법으로는 대응할 수 없었고, 순식간에 전 세계 의료 체계를 붕괴시킨다. 병원은 생명을 구하는 공간이 아니라, 오히려 죽음이 집약되는 공간으로 변모한다. 여기서 발생하는 아이러니는, 과학 지식이 축적된 공간일수록 더 무력화되고 무너져 내린다는 점이다. 의료 시스템은 인간의 생존을 위한 방패였지만, 외계인의 손에 의해 그것은 순식간에 무력한 장치로 전락한다.

이러한 과정은 과학이 본래 중립적임을 보여준다. 과학 자체는 선하지도 악하지도 않다. 문제는 누가 과학을 통제하고, 어떤 목적에 사용하는가에 달려 있다. 외계인은 과학을 치밀하게 무기화하여 인류를 압도한다. 반면 인간은 과학적 지식이 무력화된 상황에서 오히려 감각, 직관, 신뢰, 본능과 같은 비과학적 요소에 의존해 살아남는다. 즉, 《제5침공》은 과학은 진보와 구원의 열쇠라는 근대적 신화를 해체하며, 과학이 생존의 도구이자 동시에 파괴의 무기가 될 수 있음을 날카롭게 드러낸다. 이 서사는 오늘날 AI, 핵 기술, 생명 공학 등 현대 과학 기술에도 동일한 질문을 던진다. 그것은 인류를 구원할 수 있는가, 아니면 새로운 위기의 도구로 전락할 것인가?

외계 침공과 인간성의 위기: 신뢰의 붕괴와 저항의 모색

네 번째와 다섯 번째 파도는 물리적 공격이 아니라, 심리적 · 사회적 파괴 전략이다. 외계인은 인간의 몸속에 숨어들거나 인간을 완벽하게 모방해 인간끼리 서로를 의심하게 만든다. "누가 인간이고 누가 적인가?"라는 질문은 공동체적 연대를 무너뜨리고, 가족마저 서로를 경계하게 만든다. 이 전략은 전기나 군사 시설을 파괴하는 것보다 훨씬 더 치명적이다. 기술과 제도는 언젠가 복구할 수 있지만, 신뢰가 붕괴된 사회는 회복이 거의 불가능하기 때문이다. 다섯 번째 파도의 본질은 단순한 침공이 아니라, 인간성 자체를 겨냥한 공격이다.

이 위기의 한가운데서 캐시와 에반의 관계가 주목된다. 에반은 외계인의 존재임에도 불구하고 캐시를 도우며, 두 사람은 서로를 의심하면서도 점차 신뢰를 쌓아간다. 캐시는 끝까지 에반의 정체를 의심하지만, 결국 그를 믿기로 선택한다. 이 선택은 단순히 개인적 감정의 문제가 아니다. 그것은 인간이 절망적 상황 속에서도 타자에게 기대고자 하는 본능적 욕망을 드러낸다. 《제5침공》은 이 장면을 통해, 신뢰와 사랑이 단순한 감정이 아니라 생존 전략임을 보여준다.

신뢰의 붕괴는 곧 인간성의 붕괴다. 외계인이 설계한 마지막 두 개의 파도는 인간 사회를 무너뜨리는 데서 가장 치명적인 도구로 작동한다. 그러나 아이러니하게도, 이 속에서 오히려 인간성의 힘이 시험대에 오르고, 동시에 회복의 가능성도 드러난다. 캐시가 오빠를 구하기 위해 자신의 목숨을 기꺼이 희생하는 장면은 이를 상징한다. 이는 단순한 가족애의 표현이 아니라, 개인의 생존보다 타인을 위한 선택을 우선시하는 행위이며, 인간성이 여전히 유효하다는 강력한 증거다.

또한 청소년들이 서로 연대하며 외계인에 맞서는 과정은 중요한 상징적 의미를 가진다. 대부분의 성인 세대가 무력화된 상황에서, 오히려 아이들과 청소년이 새로운 공동체를 형성하고 윤리적 주체로 성장한다. 이 과정은 인간성이 단절된 사회에서도 다시금 복원될 수 있음을 보여준다. 신뢰와 연대, 사랑은 인간의 약점처럼 보이지만, 실제로는 과학적 우월성을 넘어설 수 있는 마지막 무기다.

《제5침공》은 결국 과학적 도구와 무기가 무력화된 세계에서 인간성 자체가 최후의 무기임을 강조한다. 외계인의 치밀한 과학 전략 앞에서도 인간은 신뢰와 사랑, 희생과 연대를 통해 새로운 가능성을 모색한다. 작품이 전달하는 핵심 메시지는 명확하다. 인류 문명의 재건은 과학의 우월성에서 비롯되는 것이 아니라, 인간성의 회복에서 시작된다. 이는 외계 침공 서사라는 장르적 틀을 넘어, 오늘날 기술 사회가 반드시 새겨야 할 교훈이기도 하다.

참고문헌

Bauman, Z.(2006). *Liquid Fear.* Polity Press.

Csicsery-Ronay Jr., I.(2008). *The Seven Beauties of Science Fiction.* Wesleyan University Press.

Jameson, F.(2005). *Archaeologies of the Future: The Desire Called Utopia and Other Science Fictions.* Verso.

Suvin, D.(1979). *Metamorphoses of Science Fiction.* Yale University Press.

Yancey, R.(2013). *The 5th Wave.* Putnam Juvenile.

08
《7구역 소년》: 통제의 마더랜드

디스토피아 서사는 과학과 권력이 인간의 자유를 억압하는 방식, 그리고 억압을 견디며 인간성의 본질을 지키려는 개인의 투쟁을 드러내는 중요한 장르다. 《7구역 소년》은 '마더랜드'라 불리는 강력한 중앙 통제 국가를 배경으로, 아동과 청소년을 포함한 인간 개체가 어떻게 철저히 감시되고 길들여지는지를 보여준다. 작품은 권력의 통제 시스템과 이에 저항하는 개인의 서사를 교차시켜, 현대 사회가 직면한 감시 사회와 전체주의의 위험을 은유적으로 제시한다.

AI와 인재 채용?

통제와 감시의 기계적 시스템

《7구역 소년》이 그려내는 세계는 전체주의적 국가 마더랜드가 주도하는 철저한 통제와 감시의 체제다. 이 체제에서는 개인의 출생 순간부터 생체 정보가 기록되며, DNA, 신체 조건, 심리적 성향, 심지어 사고 패턴까지 국가 데이터베이스에 저장된다. 인간은 국가의 계산 체계 안에 코드화된 존재로만 존재하며, 자유와 개별성은 출생과 동시에 차단된다.

특히 '7구역'은 국가가 결함 혹은 비정상으로 분류한 아동과 청소년이 수용되는 곳으로, 통제 사회의 가장 가혹한 현장이자 상징적 공간으로 기능한다. 이곳에서는 생존조차 국가의 허락 없이는 불가능하며, 감시 장치와 기계적 규율이 아이들을 철저히 길들게 해 버린 설정은 미셸 푸코(Michel Foucault)의 《감시와 처벌》에서 제시한 규율 권력의 개념과 긴밀히 맞닿아 있다. 푸코에 따르면 규율 권력은 단순히 외부의 강압으로 개인을 지배하는 것이 아니라, 인간의 내면에 침투해 스스로 감시하고 규제하게 만든다. 《7구역 소년》 속 아이들은 국가의 감시 장치가 부착된 환경에서 성장하며, 통제를 내면화하도록 강요받는다. 이들은 감시자가 보지 않아도 이미 규율을 준수하며, 스스로 통제하는 주체가 되어 간다. 저항은 불가능하거나 상상조차 하기 어렵게 된다.

작품은 또한 디스토피아 사회의 특성을 드러내는 데이터 관리 체계를 세밀하게 묘사한다. 마더랜드는 모든 시민의 정보를 기록하고, 이를 근거로 사회적 지위를 분류하며, 필요에 따라 처벌이나 재교육을 가한다. 이러한 구조는 오늘날 우리가 경험하는 디지털 감시 사회와 직접적으로 연결된다. 빅데이터를 통한 생체 정보 관리, CCTV 네트워크, 인터넷 사용 기록의 추적은 소설 속 세계와 현실의 거리를 좁힌다. 《7구역 소년》은 허구의 디스토피아처럼 보이지만, 실제로는 현대 사회의 빅데이터 권력과 디지털 통제 논리를 확대 재현한 것이다.

또한 마더랜드의 체제는 생존 자체가 권력의 산물임을 보여준다. 아이들은 하루하루를 살아가기 위해 권력의 인정을 받아야 하며, 이는 단순히 물리적 억압이 아니라 인간 정체성의 구조적 변형으로 이어진다. 국가가 승인한 규율을 따르는 아이들만이 살아남고, 그렇지 못한 이들은 곧바로 배제되거나 제거된다. 결과적으로 사회는 자유로운 인간 대신, 국가가 설계한 "순응적 주체"만을 재생산한다.

《7구역 소년》은 이 과정을 통해 독자에게 강렬한 메시지를 던진다. 감시와 통제가 일상화되면, 인간은 저항의 가능성을 잃고 점차 권력의 기계적 장치에 종속된 존재로 전락한다. 이는 단순한 허구적 경고가 아니라, 오늘날 우리가 마주하고 있는 현실적 문제 예컨대, 감시 자본주의, 개인정보 추적, 사회적 신용 시스템과도 깊이 연결된다.

마더랜드에 맞선 저항과 인간성의 모색

이 작품 속의 주인공들은 통제의 절대성을 그리는 데서 멈추지 않는다. 소설은 체제의 억압 속에서도 인간성이 완전히 소멸하지 않는다는 사실을 강조한다. 주인공 소년은 감시 장치가 촘촘히 깔린 환경 속에서도 은밀하게 다른 소년들과 접촉하며, 금지된 기억과 이야기를 공유한다. 이는 단순한 반항이 아니라 인간다운 자유와 연대에 대한 본능적 열망이 살아있음을 보여준다. 통제 사회의 규율은 아이들을 철저히 길들이려 하지만, 소년은 그 속에서도 균열을 만들어 내며 새로운 가능성을 탐색한다.

소년의 저항은 무력이나 폭력이 아니라, 언어와 기억, 상상력을 매개로 이루어진다. 그는 마더랜드가 지워버린 가족의 기억을 되살리고, 동료들과의 우정을 통해 새로운 이야기를 만들어 낸다. 이는 얀 아스만(Jan

Assmann)의 문화적 기억(cultural memory) 이론과 연결된다. 아스만에 따르면 공식적으로 통제된 기억이 있더라도, 개인과 공동체는 서사와 이야기의 힘을 통해 비공식적 기억을 복원할 수 있다. 《7구역 소년》은 바로 이러한 기억과 서사의 힘을 통해 국가 권력의 절대적 통제 논리를 흔들어 놓는다.

작품 속 주인공은 작은 여러 선택을 통해 거대한 균열을 만든다. 금지된 대화를 나누는 것, 감시자의 눈을 피해 비밀스러운 신호를 주고받는 것, 사라진 가족의 이름을 기억 속에서 부르는 것－이러한 행위들은 거대한 권력 앞에서는 보잘것없어 보일지 모른다. 그러나 바로 그 행위들이 통제 사회의 논리에 균열을 내고, 인간성의 불씨를 지켜낸다. 독자는 이를 통해 "인간은 어떤 상황에서도 끝내 자유를 갈망한다"는 진실을 확인하게 된다.

특히 주인공이 감시 사회 속에서도 타자와의 연대를 모색하는 장면은 중요한 의미를 지닌다. 그는 혼자가 아니라 동료들과 함께 이야기를 나누며, 기억을 공유하고, 공동의 상징을 만들어간다. 이는 디스토피아 서사에서 흔히 등장하는 모티프, 즉 억압 속에서도 인간성은 연대를 통해 회복된다는 점을 잘 보여준다.

이 지점에서 작품은 독자에게 중요한 질문을 던진다.

"과연 인간은 통제 사회 속에서 얼마만큼의 자유를 누릴 수 있는가?", "진정한 인간성은 규율과 감시 속에서도 살아남을 수 있는가?" 《7구역 소년》은 이에 대해 명확한 해답을 제시하지 않는다. 그러나 주인공 소년의 선택과 저항은 작은 균열을 만들어 내고, 독자는 그 틈에서 새로운 희망을 발견한다.

결국 이 작품은 통제와 감시의 절대 권력 아래서도 인간성이 완전히 소멸하지 않는다는 점을 강조한다. 《7구역 소년》은 디스토피아 장르가 단순히 절망을 재현하는 문학이 아니라, 억압 속에서도 자유와 저항의 가능성을 탐구하는 장르임을 다시금 보여준다. 마더랜드라는 전체주의 국가를 배경으로, 작품은 통제 사회의 기계적 논리와 그에 맞선 인간성의 저항을 교차시키며, 오늘날 감시 사회와 빅데이터 사회 속에서 우리가 마주한 문제를 직시하게 한다.

참고문헌

이수진(2014). "드러난 권위와 숨겨진 권위 사이 – 청소년문학의 디스토피아적 비전". 《현대영미소설》, 21(1), 277~303쪽.

진태원(2012). "푸코와 민주주의: 바깥의 정치, 신자유주의, 대항품행". 《철학논집》, 29, 153~188쪽.

황보영조(2017). 《기억의 정치와 역사》. 역락.

Assmann, J.(2011). *Cultural Memory and Early Civilization: Writing, Remembrance, and Political Imagination.* Cambridge UP.

Foucault, M.(1995). *Discipline and Punish: The Birth of the Prison.* Vintage Books.

Lyon, D.(2001). *Surveillance Society: Monitoring Everyday Life.* Open University Press.

Zuboff, S.(2019). *The Age of Surveillance Capitalism: The Fight for a Human Future at the New Frontier of Power.* PublicAffairs.

09
《언원티드》: 원하지 않는 존재

원하는 존재(Wanteds)와 원하지 않는 존재(Unwanteds)로 구분된다. '원하는 존재'는 권력과 체제에 복무하는 이들이고, '원하지 않는 존재'는 창의성을 드러냈다는 이유로 사회로부터 추방당해 죽음을 맞이할 운명에 처한다. 그러나 '언원티드'로 분류된 아이들은 실제로는 마법과 예술이 살아 숨 쉬는 아르테메스(Artime)에서 새로운 삶을 이어간다. 이 작품은 억압적 체제 속에서 창의성과 개별성이 어떻게 억압되고, 또 다른 공간에서 어떻게 다시 발현되는지를 보여준다.

AI와 기자?

통제 사회의 배제 논리와 '원하지 않는 존재'의 낙인

리사 맥만(Lisa McMann)의 《언원티드(The Unwanteds)》가 제시하는 사회는 전면적 통제와 배제를 근간으로 한 디스토피아적 세계다. 이곳에서는 모든 아이가 13세가 되는 순간, 일종의 '검열 의식'을 치르며 사회적 분류를 받는다. 결과는 단순한 평가가 아니라 아이들의 존재 가치를 결정짓는 판정이다. '원하는 존재(Wanted)'로 분류된 아이들은 국가가 필요로 하는 기능적 노동력을 담당하며, '필요한 존재(Necessary)'는 사회 유지에 필요한 기본적 역할을 수행한다. 하지만 반대로 이미 '언원티드(Unwanted)'로 낙인찍힌 아이들은 사회에서 제거된다.

이 과정은 단순히 행정적 분류가 아니라, 국가 권력이 개인을 철저히 관리 · 선별 · 배제하는 메커니즘이다. 특히 창의적 발상을 보이거나 예술적 표현을 하는 아이들이 가장 먼저 '언원티드'가 된다. 권력은 독창성과 상상력을 위험 요소로 간주하고, 체제에 순응하며 기능적으로만 살아가는 인간만을 필요로 한다. 이는 사회적 안전과 효율을 강조하면서도, 사실상 인간성을 파괴하는 배제 논리다.

'언원티드'라는 용어 자체가 보여주는 의미는 매우 강

력하다. 단순히 필요하지 않다는 것이 아니라, 존재 자체가 불필요하고 제거되어야 한다는 사회적 낙인을 담고 있다. 푸코가 말한 '배제의 정치학'은 바로 이런 맥락에서 이해할 수 있다. 권력은 특정 집단을 처벌하거나 억압하는 데 그치지 않고, 이들을 사회적 · 문화적 서사에서 지워버린다. 존재 자체가 사회의 공식 기록에서 삭제되는 순간, 그들은 사실상 존재하지 않는 존재가 되는 것이다.

이러한 장치는 디스토피아 문학 전통과 맞닿아 있다. 예컨대 올더스 헉슬리의 《멋진 신세계》에서는 예술과 창의성이 철저히 배제되고, 로이스 로우리의 《기버》에서는 집단 기억과 개별성이 억압된다. 《언원티드》 역시 이러한 전통을 이어받으며, 창의성과 다양성이 체제 안정성을 위협한다고 판단하는 순간 그것이 곧 '범죄'로 낙인찍힌다는 사실을 보여준다.

특히 주인공 알렉스(Alex)가 '언원티드'로 판정되는 장면은 체제의 폭력성을 극적으로 드러낸다. 그는 단지 그림을 그리고 창의적 사고를 했다는 이유만으로 사회에서 추방된다. 이 장면은 "창의성 = 죄"라는 부당한 등식을 드러내며, 독자에게 권력의 본질적 속성을 질문하게 한다. 창의성을 억압하는 사회는 겉보기에는 안정적으로 보일 수 있지만, 실질적으로는 가장 중요한 인간적 자질—상상력, 자유, 개별성—을 제거함으로써 스스로 붕괴의 씨앗을 심고 있음을 암시한다.

아르테메스의 재탄생: 예술과 창의성의 힘

이 작품의 주요한 점은 단순히 억압과 배제의 디스토피아적 풍경을 그리는 데 그치지 않는다. 사회로부터 추방당한 '언원티드' 아이들은 실제로는 죽지 않고, 아르테메스(Artime)라는 비밀스러운 마법의 도시에서 새로운 삶을 시작한다. 이곳은 억압적 통제 사회와 극명히 대조되는, 예술과 창의성이 존중받는 공간이다. 아르테메스에서 아이들은 그림을 그리거나 음악을 연주하며, 연극을 공연하고 글을 쓰는 과정을 통해 마법을 익힌다. 즉, 창의성이 단순한 오락이나 사치가 아니라, 곧 생존과 자유의 무기로 기능하는 것이다.

알렉스와 동료들은 억압적 체제에 의해 불필요한 존재로 낙인찍혔지만, 아르테메스에서는 자신들의 능력을 적극적으로 발휘하며 정체성을 새롭게 구축한다. 그들은 예술적 상상력을 통해 마법을 구사하고, 이를 무기로 삼아 억압적 질서에 맞서 싸운다. 이러한 서사는 예술과 창의성이 단순한 자기표현을 넘어, 권력에 저항하고 인간성을 보존하는 힘임을 상징한다.

이 점은 얀 아스만(Jan Assmann)의 문화적 기억 이론과도 긴밀히 연결된다. 아스만에 따르면 기억과 서사는 권력이 통제하는 공식 기록을 넘어, 공동체가 정체성을 이어가는 핵심 매체다. 아르테메스에서 아이들이 창작과 예술을 통해 자신들의 이야기를 공유하고 전승하는 행위는, 곧 국가의 억압적 기억 통제를 넘어서는 저항이다. 이는 서사의 힘이 인간성을 회복하는 중요한 수단임을 보여준다.

아르테메스는 단순한 은신처가 아니다. 그것은 억압적 사회를 전복할 수 있는 새로운 질서의 모형이다. 아이들은 예술적 상상력을 통해 공동체를 재구성하고, 권력이 부정한 인간성의 의미를 복원한다. 이 과정은 디스토피아 서사에서 자주 발견되는 저항적 서사의 전형이며, 청소년 독자들에게 중요한 메시지를 남긴다. 억압과 통제 속에서도 인간은 자신의 상상력과 창의성을 통해 저항할 수 있으며, 새로운 세계를 창조할 수 있다는 희망이다.

또한 작품은 창의성이 왜 통제 사회에서 위험한 요소로 간주되는지 역설적으로 드러낸다. 체제는 창의성이 새로운 가능성과 변화를 낳기 때문에 이를 억압하지만,

바로 그 창의성 덕분에 인간은 다시금 자유와 다양성을 되찾는다. 따라서 '언원티드'라는 낙인은 아이러니하게도, 인간 본질을 구현하는 집단을 가리키는 이름으로 전환된다. 사회가 불필요하다고 규정한 이들이야말로 가장 인간적인 존재들이 되는 것이다.

결국 《언원티드》는 억압과 배제 속에서도 창의성과 예술이 인간을 구원하는 핵심적 자원임을 강조한다. 통제 사회가 창의성을 부정한다면, 아르테메스는 그것을 재발견하고 강화한다. 이 대립은 독자에게 명확한 메시지를 전달한다. 읽는 독자에 따라서 신념에 따라서 다를 수도 있지만, 이는 "억압 속에서도 인간은 끝내 자유롭고 창의적인 존재로 살아남을 수 있다"는 메시지가 다가갈 수 있다. 청소년 독자들은 이를 통해 자신의 상상력과 창의성을 억압이 아닌 힘으로 받아들이게 되며, 문학은 곧 희망과 저항의 장치로 기능한다.

참고문헌

오종우(2019). "두 개의 현실과 예술의 상상력". 《인문과학》, 72, 307~330쪽.

오윤주(2022). "디스토피아 소설의 문학교육적 함의 및 교육 방안 연구". 《학습자중심교과교육연구》, 22(18), 237~253쪽.

Assmann, J.(2011). *Cultural Memory and Early Civilization:*

Writing, Remembrance, and Political Imagination. Cambridge UP.

Baccolini, R. & Moylan, T.(2003). *Dark Horizons: Science Fiction and the Dystopian Imagination.* Routledge.

Foucault, M.(1995). *Discipline and Punish: The Birth of the Prison.* Vintage Books.

McMann, L.(2011). *The Unwanteds.* Aladdin.

10
《코딩하는 소녀》: 앱의 복제 문제

디지털 시대에 앱 개발은 청소년과 청년들에게 창의성과 자율성을 발휘할 수 있는 중요한 무대가 되고 있다. 특히 소설 《코딩하는 소녀》는 기술과 창작의 세계에서 소녀 개발자가 마주하는 복제와 저작권 문제를 중심으로 이야기를 풀어낸다. 이 작품은 앱의 무분별한 복제 현상이 창작자의 권리와 정체성에 어떠한 영향을 미치는지를 드러내며, 기술 발전과 윤리적 문제 사이의 긴장 관계를 선명하게 보여준다.

AI와 미래 의사?

복제 사회와 창작자의 소외

《코딩하는 소녀》의 세계에서 주인공은 오랜 시간 기획과 학습, 시행착오를 거쳐 독창적인 앱을 완성한다. 그러나 앱이 시장에서 성공을 거두자마자 수많은 복제 앱(clone apps)이 쏟아져 나오며 원작의 가치를 잠식한다. 이들 복제 앱은 주인공이 고생하며 설계한 알고리즘과 인터페이스를 거의 그대로 모방하면서도, 화려한 마케팅 전략과 자본력을 통해 오히려 더 많은 사용자를 확보한다. 이때 원작자의 창작물은 아이러니하게도 더 이상 독창적인 산물로 평가되지 못하고 익명의 기술로 소비된다. 창작자는 이름 없는 기계적 노동자로 전락하고, 작품은 오히려 자본의 도구가 된다.

이러한 상황은 단순한 저작권 침해 차원을 넘어, 창작자의 정체성 상실로 이어진다. 시장에서 중요한 것은 "누가 최초의 창작자인가"가 아니라 "누가 더 빨리, 더 효율적으로 대중의 욕망을 충족시키는가"다. 주인공 소녀는 자신의 노력이 타인의 이익을 위해 악용되는 과정을 지켜보며, 기술 사회가 개인의 창의성을 존중하지 않고 오히려 상업적 경쟁의 논리에 종속시키는 현실을 체감한다.

이 장면은 발터 베냐민(Walter Benjamin)이 「기계 복제 시대의 예술 작품」에서 말한 아우라(Aura)의 상실 개념과도 맞닿는다. 베냐민은 예술 작품이 기계적으로 복제되면 원작의 고유성과 진정성이 사라진다고 지적했다. 《코딩하는 소녀》 속 복제 앱들 역시 원작자의 의도와 맥락을 삭제한 채, 기능적 외피만 남긴다. 그 결과 원작의 아우라는 지워지고, 사용자들은 창작자의 진정성보다는 앱의 편리성과 자극적 마케팅에 끌린다. 역설적으로, 복제가 오히려 시장에서 권위를 갖는 전도된 현실이 형성된다.

이 문제는 소설 속 허구적 설정에만 국한되지 않는다. 실제로 오늘날 앱 스토어나 구글 플레이와 같은 디지털 플랫폼에서는 인기 있는 앱이 나오면 불과 며칠 혹은 몇 주 만에 수십 개의 유사 앱이 등장한다. 원작자가 누구인지보다는 누가 더 빠르게 광고하고 더 효과적으로 수익을 창출하는가가 성공의 기준이 된다. 이는 청소년 독자들에게도 친숙한 현실이다. 게임 앱, 학습 앱, SNS 기능 앱 등 수많은 사례에서 원작자는 점점 지워지고, 소비자는 복제품을 당연하게 받아들이며 사용한다.

이러한 현상은 자본과 권력의 구조와도 밀접하다. 복제 앱이 성공하는 이유는 단순한 기술적 모방이 아니라, 대기업과 투자 자본의 결합 때문이다. 자본은 창의성과 독창성을 위험한 모험으로 간주하고, 이미 검증된 모델을 복제해 대량 생산하며 단기간에 수익을 극대화한다. 이 과정에서 개인 창작자의 독창적 노력은 오히려 주류 시장에서 주변화된다. 따라서 복제 사회는 단순히 기술적 문제라기보다 창작자의 위치와 권리를 위협하는 구조적 불평등을 드러낸다.

결국 《코딩하는 소녀》가 보여주는 복제 사회는 창작자의 이름을 지우고, 창의성을 상업적 도구로만 환원하는 현실을 극명하게 드러낸다. 창작의 의미가 상실되고 창작자가 소외되는 현상은 청소년 독자에게도 낯설지 않다. 학교 과제, 창작 활동, SNS 콘텐츠 등에서 원작자의 노력보다 또 다른 의미가 더 인기를 끈다. 바로 누가 더 빨리 모방하고 더 자극적으로 포장하는가"가 주목받는 현실은 이미 우리 곁에 존재하기 때문이다.

정체성 회복과 기술 윤리의 모색

하지만 이 작품은 단순히 피해와 상실의 서사에 머무르지 않는다. 주인공 소녀는 복제의 파고 속에서도 자신의 정체성을 회복하기 위한 새로운 선택을 시도한다. 처음에는 절망 속에서 자신이 만든 앱이 무가치해졌다고 생각하지만, 곧 앱의 기능적 경쟁이 아닌 창작 의도와 사회적 가치에 집중하기 시작한다.

예컨대, 복제 앱들이 단순히 효율성과 편리함만을 강조한다면, 주인공의 앱은 사용자의 창의성과 학습을 지원하는 플랫폼으로 진화한다. 앱을 단순히 소비 도구로 제공하는 대신, 사용자가 스스로 아이디어를 실현하고 공유할 수 있도록 설계한다. 이는 창작자의 정체성을 상업적 소유권에 국한하지 않고, 사회적 기여와 창의성의 공유로 확장하는 과정이다.

또한 주인공은 다른 청소년 개발자들과 네트워크를 형성하며 연대와 협력을 모색한다. 복제 문제를 개인이 홀로 감당하는 대신, 공동체적 차원에서 기술 윤리를 세우고 실천하는 것이다. 이는 실제 사회의 오픈소스 운동, 크리에이티브 커먼즈, 디지털 저작권 협약과도 연결된다. 창작자들은 권리만을 주장하는 데 그치지 않고, 공유와 협력 속에서 새로운 규칙을 만들어 간다. 소녀가 이러한 연대를 통해 깨닫는 것은, 창의성은 개인의 성취를 넘어 공동체적 자산이 될 수 있다는 점이다.

이 과정에서 작품은 기술 사회가 반드시 직면해야 할 윤리적 질문을 제기한다. 기술은 단순히 상업적 경쟁을 위한 도구가 되어야 하는가, 아니면 사회적 가치와 인간적 성장을 지원해야 하는가? 《코딩하는 소녀》는 독자들에게 묻는다. “기술은 누구를 위한 것인가? 창작의 가치는 어떻게 보호될 수 있는가?” 이는 단순히 소설 속 갈등을 넘어, 오늘날 디지털 사회 전반에서 우리가 함께 성찰해야 할 문제다.

특히 청소년 독자에게 작품이 주는 교육적 메시지는 분명하다. 첫째, 창의성 존중이다. 앱이나 콘텐츠를 단순히 소비하는 것이 아니라, 그 속에 담긴 창작자의 노력을 인식하고 존중해야 한다. 둘째, 윤리적 선택의 중요성이다. 기술 발전 속에서 편리함을 추구하더라도, 창작자의 권리와 가치를 존중하는 태도가 필요하다. 셋째, 연대와 협력이다. 개인의 창작은 공동체적 협력을 통해 더 큰 의미와 지속성을 가질 수 있다.

마지막으로 《코딩하는 소녀》는 창작자가 스스로에게 던지는 질문을 강조한다. “내가 앱을 만든 이유는 무엇인가?” 이 질문은 단순한 시장 경쟁에서 벗어나 창작의 본질적 의미를 성찰하게 만든다. 주인공은 기능적 편의성보다, 창작의 진정성과 사회적 기여를 우선시한다. 바로 이 지점에서, 창작자는 소외된 존재가 아니라 새로운 윤리적 주체로 다시 태어난다.

따라서 이 작품은 단순한 청소년 성장 서사가 아니다. 그것은 기술과 윤리, 창작과 복제의 긴장 관계를 탐구하는 사회 비판적 텍스트이며, 청소년 독자들에게 창작과 소비, 권리와 책임의 관계를 성찰하게 만드는 교육적 효과를 가진다. 복제 사회 속에서 창작자는 소외될 수 있지만, 동시에 윤리적 가치와 정체성을 지키려는 노력을 통해 새로운 가능성을 열 수 있다.

참고문헌

이원정(2025). "포스트-인터넷 시대의 디지털 저작권과 창작의 경계 연구". 《조형미디어학》, 28(2), 91~100쪽.

전인성 외(2024). "청소년의 인공지능 및 디지털 윤리 문제와 교육방안 고찰: IoT와 생성형 AI를 중심으로". 《학습자중심교과교육연구》, 24(10), 537~550쪽.

Benjamin, W.(1969). The Work of Art in the Age of Mechanical Reproduction. In Zohn, H.(trans.). *Illuminations*, pp.217~251. Schocken Books.

Jenkins, H.(2006). *Convergence Culture: Where Old and New Media Collide*. NYU Press.

Lessig, L.(2004). *Free Culture: The Nature and Future of Creativity*. Penguin.

McRobbie, A. et al.(2019). *Feminism and the Politics of Creative Labour. Australian Feminist Studies, 34*(100), pp.131~148.

Saujani, R.(2017). *Girls Who Code*. Virgin Books.

Shirky, C.(2008). *Here Comes Everybody: The Power of Organizing Without Organizations*. Penguin.

송현희

전북대학교, 제주대학교, 경찰대학교, 충북대학교 등에서 강의하고 있다. 동시에 〈팡세아트스토리텔링〉을 운영하고 프로그램을 기획하고 있다. 한남대학교에서 영미아동청소년문학 박사 학위를 받았다. 한국연구재단에서 지원받아 다양한 분야(인공지능, 바이러스, 혼, 좀비, 동서양의 문화 등)의 연구를 진행하고 있다. 대학에서는 실용영어, 영문학, 영어회화 등 영어 분야와 인문학, 영상문학, 다문화, 영화, 인간 심리 등 인간이 관련된 학문을 중점적으로 강의하고 있다. 아울러 문화재단, 교정시설, 군부대 등지에서 프로그램을 기획하고 자문하며 심사하는 역할도 하고 있다. 연구교수로서 국제학술대회를 기획하고 발표하며 경험을 넓히고, 더 많은 학생과 문화를 체험하고자 강사로서의 삶에 집중하고 있다. 또한 지역(청주, 전주, 아산, 제주, 용인, 창원, 포항)에서 강의한 경험을 토대로 학생들과 과목의 관계, 효율성 등을 동시에 연구하고 있다. 대전문화재단에서 생애 전환 문화예술학교의 프로그램을 모두 기획하고 강의를 진행했다(2018~2023). 청주소년원, 아산문화재단, 해커스, 옥스퍼드 등의 기관에서 연극, 시각디자인, 무용, 영화 전문가들과 프로그램을 기획하고 강의하고 있다.